AVERSO

ANTOLOGÍA POÉTICA

BOLESŁAW LEŚMIAN

Número 45 de la Colección **AVERSO POESÍA**

Antología poética

Edición al cuidado de Averso Poesía
www.aversopoesia.com

hola@aversopoesia.com

Primera edición: febrero de 2025
ISBN: 978-84-129987-3-3
Depósito Legal: GR 352-2025

Imagen de cubierta: Witold Pruszkowski. Museo Nacional de Poznań.

Impreso en España - *Printed in Spain*

El papel utilizado para la impresión de este libro está calificado como papel ecológico y procede de bosques gestionados de manera sostenible.

ANTOLOGÍA POÉTICA

BOLESŁAW LEŚMIAN

Agata López Kornacka
(Selección y traducción)

PRÓLOGO

¡Estimados lectores de este humilde libro poético!

Un año tras finalizar la traducción (aunque, si me apuráis, creo que los traductores nunca nos atrevemos a constatar que ya está todo dicho y que el fruto de nuestro trabajo es impecable), la tarea de proponerle al lector hispanohablante una selección de poemas de un poeta polaco del siglo XX no deja de ser una labor un tanto arriesgada. ¿Cómo transmitir el estilo original e inconfundible de Bolesław Leśmian para no mermarlo ni distorsionarlo? ¿Cómo traducir su magnífica obra sin adueñarse de las palabras que él mismo acuñó, para conducirlas —consciente o inconscientemente— por otros caminos, desviándolas de las vertientes labradas por el autor? ¿Cómo resistir la tentación de poder hacer algo más que ser un simple cicerone que solo puede explicar lo que en su momento le enseñaron a él? ¿Cómo, por fin, desprenderse de la frase de Robert Frost, quien dijo que la poesía es lo que se pierde en la traducción? Uno de los enunciados más manidos a la hora de reflexionar sobre la intraducibilidad.

Estas y muchas más preguntas me están atormentando desde que empecé a dialogar con los poemas aquí recogidos. Sí, dialogar, porque traducir poesía es, tal y como yo lo veo, conversar con el creador del original, proponiéndole unas condiciones de convivencia literaria y aceptando (o no) las suyas. Es intentar llegar a un acuerdo que solo existe en la imaginación de quien traduce. Porque solo así, con la conciencia engañosamente tranquila, se puede algún día escribir un prólogo como este y seguir viviendo más allá del mundo del libro traducido, haciéndole un hueco al lector. Solo así, se puede, por afición o por amor al arte, aceptar algún día otro reto y traducir otro libro. Sabiendo que lo que ya está escrito no lo borrará ni el tiempo ni la inclemencia de la literatura que lo acoge todo, pero que luego jamás perdona al traductor lo que este tuvo que sacrificar para salvar… lo demás.

Tenéis que saber que se os están abriendo las puertas de un mundo sin igual en toda la representación del género. Un mundo habitado por seres de origen bíblico, mitológico, popular y literario; muchos de ellos concebidos por el ingenio del poeta a semejanza de nosotros mismos. Estos últimos serán los menos creíbles y, a la vez, los más auténticos. Por muy feos y deformes que os parezcan, no los abandonéis antes de escuchar lo que tienen que contar. Es muy probable que en la absurdidad de sus andanzas os veáis tristemente reflejados. Tened cuidado al maravillaros ante lo que verán vuestros ojos: los jardines, los bosques o los campos de festuca. Recordad: la muerte casi siempre viste de rosa, y no hay rosa que no marchite, igual que no existe un corazón sin heridas ni un dios incondicionalmente bondadoso. Pero, por mucho que os decepcione el paraíso, tampoco os rindáis, porque la esperanza es la columna vertebral de cualquier poema. Andad con pies de plomo por el laberinto de neologismos basados en antonimias, prefijos y sufijos. Cuando os sintáis perdidos, ellos os indicarán el camino de la metáfora, el menos seguro de todos y el único que no existe fuera del contexto. Dad rienda suelta a vuestra imaginación para recoger todos los símbolos escondidos entre líneas, pero no intentéis entenderlos bajo ningún concepto y no busquéis su significado en los diccionarios. Si lo hacéis, los símbolos se cerrarán en banda y ya no podrán deciros quienes sois. Dejaos llevar por la métrica de los poemas, por la (ir)regularidad de las rimas, fluid con las olas que cantan la canción de todos los tiempos. Pero, ante todo, disfrutad de estos versos que durante mucho tiempo fueron subestimados y desdeñados, por el simple hecho de intentar desvelar la verdad más incómoda del ser humano: su fascinante e irremediable imperfección.

Actuando en nombre y representación de mi maestro, Bolesław Leśmian, os deseo una lectura inolvidable que, si los vientos son propicios, os llevará a la conclusión de que la poesía es vida, y viceversa. Y si en algún momento os paráis a pensar quién de los dos, el autor o su traductora, escribió estos poemas, perdonadme. Ha sido sin querer. Pero con mucho cariño.

Afectuosamente,
Agata López Kornacka

La derrota

Yo pensaba que huía de un caos tenebroso
hacia otro mundo —libre del destino, victorioso.

El más firme ante todas las quimeras y rarezas
—yo soñaba mi historia— tejiéndola de mil piezas.

Que furtivo, desganado; y, por tanto, paulatino,
en los sueños más oscuros —se labraba mi destino.

Que quedaba mucho tiempo para ver en la negrura,
entre flores, entre bosques —destacarse mi figura...

Y el mal, cual un silbido, con cuidado se escucha—
porque antes lo desangras que se rinda él sin lucha.

La neblina hechicera… por la sombra murmuraba...,
y después llegó el golpe —porque nadie me salvaba.

¡Ay, socorro! —grité alto, presintiendo en seguida
que después tenía cuerpo, pero antes— la herida...

Entre yo y la derrota —ningún tiempo discurría,
y faltaban esas horas que recuerdan que vivía...

En los cielos tan gloriado

En los cielos tan gloriado,
en las cruces —desgraciado.
¿Dios, qué diantre te tapaba?
¿Por qué no te encontraba?

¡Por el valle más penoso
vas conmigo, poderoso!
Aunque sufras a mi lado
o los dos por separado.

¿Tú qué haces este día
que mi alma se desvía?
¿Lloras solo lo que era
o te mueres a mi vera?

Se fue mi Dios

Se fue mi Dios, parece —no sé por qué lo hizo...
¡Lo malo que se siente! Los cielos que no quiso...

Mi padre que por poco la muerte sobrepasa,
cayó en una tumba —volviendo a su casa.

Murióse mi hermana, de hambre y de llanto,
pero la gente dice: ¡Que no fue para tanto!

Tan fuerte mi hermano sus penas combatía
que pude escucharlo apenas se moría...

Se muere mi amante, cual quien se enamora,
porque la amé tanto —mas fue en mala hora.

Yo —antes de que todo se duerma a oscuras—
camino estas calles, mis calles inseguras...

De sus penas pobres dueños

¡Con pan sueñas esta noche, vagabundo pobrecito!
Cada sombra, cada niebla —es valiosa y servible...
¿Cuánto vale la palabra si no oyen cuando grito?
¿Qué será de este mundo si Dios queda invisible?

¡Vengan todos, apenados, recrudezcan los empeños!
Que los haya mil millones, lo más grande que se nombra,
que mi alma se confunda con el caos de sus sueños,
que no pueda acordarme quiénes son y quién es sombra...

¡Que la multitud de caras dondequiera me invada!
¡Y de manos —y de calles— el lúcido esqueleto...!
Porque hoy termina todo y no puede pasar nada—
¡y ya hace mucho tiempo que no queda un secreto...!

Hace falta agruparse, ya no valen otros días...
Emprender algunos pasos... Darlo todo por vivido...
Sin ninguna esperanza, con las manos bien vacías...
Adentrarse en la noche —¡ciegamente y rápido!

La resurrección

Si resurge Jesucristo, por reproche,
se alzarán otras cosas inmortales.
Y no todo lo que pase esa noche
seguirá los ideales celestiales.

Hay gargantas, unas cuantas, cuyas voces
se callaron en las tumbas —y con creces.
Una sangre derramada —que conoces,
la que nadie vertió nunca —por dos veces.

¡Hay materia tan podrida que por eso
no merece de la muerte más disgusto!
En la tierra se engríe un tal hueso
que si alguien resucita —¡no es justo!

¿Qué más da que en el cielo digan misa,
que a cuernas nos atraigan —al convite?
¡No despierta de su sueño cada risa!
¡Ni cualquiera de los llantos se repite!

Los fantasmas de la primavera

Ella corre por el bosque, reverdece el momento...
Su cabello se despeina, ¡mientras silba otro viento!

Brillan ya los hormigueros, polvos-nieblas de soslayo,
¡y el pecho le revienta del temor de pleno mayo!

Soñó con un hombre lobo en la selva más poblada,
¡dos jinetes con coraza, tres ángeles de la nada!

¡Aves, bichos, animales, cantos, bailes de san Vito!
¡Sables, sangre y fogones! ¡Bah, el sueño enterito...!

Corre hacia otra vida, mira todos los rincones—
¡tras de ella —mayo fiero! ¿Ves? ¡Un mayo de leones...!

Ella arde de cólera... Y aprieta las manitas...
Fuera huelen bien las flores... Dios, ¡qué flores más benditas!

Huelen bien las flores fuera, ¡y las fuentes tragan soles!
¡Verde —gualdo— escarlata! ¡Guerras locas de colores!

¡La calima zumba! ¡Sangran las gargantas de las rosas!
¡Qué fortuna, qué fortuna! ¡Hoy o nunca más hermosas…!

¡Hola, chica! ¡Hola, guapa! ¡Nuestro tiempo reverdece...!
Hoy te quiero como antes —como otras tantas veces...

Por los cerros de ensueño te seguí, por la pradera—
¡dos jinetes con coraza, tres ángeles que yo era...!

¡Yo —pájaros, animales!, ¡yo —el baile de san Vito!
¡Sables, sangre y fogones! Yo —el sueño enterito...

Te seguí por mucho sueño, ¡tu fiel mayo de leones...!
Yo soy toda esta selva —¡y soy todos sus rincones!

El soldado

Terminada otra guerra, regresaba el soldado,
mas bastante paticojo y bastante reservado.

Las dos piernas las tenía con un rifle lastimadas,
pues volvía dando saltos, por las rutas desandadas.

Un payaso de las penas asaltantes parecía,
y saltando sus pesares, a las gentes divertía.

Divertía quejicoso con la cumbia de dolores,
el merengue de tristezas, el bolero de rencores.

Cuando llegó a su choza, le dijeron: *¡Ay, carajo!,*
en el campo no queremos saltadores pa'l trabajo.

Fue a ver a un amigo, el que daba campanadas.
Él no quiso ni mirarle y lo echó a patadas.

Fue a ver a su amante —esta sí se rio de veras,
¡con el cuerpo enterito, con sus brazos y caderas!

¿Que me vaya a la cama a bailarte, chiquitito?
¡Ni de broma!, ¡que te lanzas más que mides —sin éxito!

¡No esperes que aguante esta suerte de pivote,
ni esperes que mis labios besuqueen tu bigote!

Si pensabas ir al cielo así, campo a traviesa,
¡anda, vete y no chilles —porque no me interesa!

Fue a ver a la figura que recordó del camino:
Figúrate, pobre Cristo, ¡tú que eres tan de pino!

Sé muy poco de la mano que te hizo pa' dar susto:
se quedaba sin madera o tenía muy mal gusto.

¡Qué rodillas más torcidas!, ¡¿cuántos llevan latigazos?!
Saltas porque no caminas, te ahorras pues los pasos.

El más flaco de los cielos, un don nadie, esqueleto,
tú serás mi compañero de los saltos, con respeto.

Al oír tal testimonio, bajó Cristo de las cruces.
¡Quien lo labró de madera, era muy de pocas luces!

Sus dos manos eran zurdas, sus dos piernas de siniestro.
Perforando las praderas, parecía un cabestro.

Soy un pino desastroso y un grato caminante.
Por muy tardo que me vea, iré siempre p'adelante.

Ya no hay quien nos desuna, pues tenemos un camino
que en parte es humano y en parte es —divino.

Compartamos el calvario —¡no será quizás en vano!—
si nos hizo tan deformes, nos torció la misma mano.

Yo me llevo una gracia, tú te llevas otra más,
si te ríes tú primero —tú primero amarás.

Dame algo de tu cuerpo, yo te doy de mi madera;
¡y que pase lo que pase, lo que luego nos espera!

Se cogieron de las manos y en irse no tardaron.
Por dar saltos más graciosos, con las piernas se chocaron.

Anduvieron muchas horas, infinita fue su senda.
¿Dónde están los relojes que contarán su leyenda?

Les pasaban días, noches, los que pasan con más gusto,
un descampo, un desbosque, un enorme desarbusto.

Y llegaron las tinieblas con un viento inclemente,
y el sol, por excelencia, se volvió el gran ausente.

En el norte de la noche, en el pleno torbellino,
¿quién se hace tan humano, quién se hace tan divino?

Son dos cojos pordioseros, dos peleles pesarosos,
que cojean sin sentido, ¡en un mundo tan hermoso!

Uno anda con júbilo y el otro sin dolores,
y se quieren los dos mucho, y profesan sus amores.

Cojeaban, Dios y hombre, justo lo que les faltaba.
¿Qué llevaban ellos dentro que tan fuerte cojeaba?

Y saltando, muchas veces acertaron y erraron,
¡y un día con los cielos de un salto se toparon!

Balada de un caballero orgulloso

Duerme ya el caballero, duerme necio e innoble,
por los siglos de los siglos —en un ataúd de roble.

Yace pues muy comodito, bien está allí tumbado,
procurando que el sueño no se vaya asustado...

Su amada agarrota un rosario en la mano,
entre quejas y lamentos, llora este son humano:

He venido a decirte que me siento impotente,
me pregunto cómo pasas una noche tan ausente...

Como duermes en tinieblas y la tumba es testigo,
no podemos estar juntos —¡yo contigo, tú conmigo!

Yo tus ojos y tus labios, los amaba bien y justo;
lo que antes te quería, ¡hoy tan solo me da susto!

Con la falda, a oscuras, hacer cualquier movimiento,
dedicarte mis caricias, ¡mi más tierno pensamiento...!

Son tres días que tu magia resplandece en mi mente,
y no sé si en la tumba has cambiado de repente...

Aunque quiera, ya no puedo mi camita ofrecerte,
aunque quiera, mi belleza no alegra más sin verte.

Esforzarme tercamente no me sirve para nada,
¡pues mi cuerpo a tus ojos no les gusta ni agrada!

Estoy tan desesperada viéndote aquí —inerte,
¡qué vergüenza que yo viva y tú tengas otra suerte...!

Para nuestro caballero las palabras son engaño,
pues le dice a la chica, en la pose de antaño:

Aunque bichos y gusanos de mis ojos han comido,
¡no es nada humillante que esté ya —fallecido...!

Aunque ser un subterráneo desalmado me aterra,
¡no es nada humillante que ya viva bajo tierra...!

Me abreva el vacío, de saciarme no se harta;
¡que yo sea un rey primo, ni siquiera Dios descarta!

Por las sendas de la vida luz nocturna se derrama,
¡y el mundo enterito —se convierte en mi cama!

El sol no me hace falta, ni el cielo más bendito.
¡Tu amor ya no me sirve porque no lo necesito!

En un sitio tan remoto ya no busco más venganza;
¡pues la sangre no me hierve y el sable no se lanza!

De aquellos que durmieron bajo esta tierra densa,
no sabrás de su orgullo, no sabrás de su ofensa...

El silencio por su pecho se difunde —a ultranza,
¡y el frío desencanto no les toca ni alcanza!

De los restos de sus labios moribundos, azulados,
¡no escapan más gemidos ni lamentos apenados!

Aquí cerca, a mi lado, un vecino de la muerte,
donde antes palpitaba, hoy en polvo se convierte.

Me supera con los años que ya lleva enterrado,
y dormita con culebras, bien en ellas reposado.

No se digna confesarme lo sufrido y lo visto,
¡ni siquiera susurrando, y por mucho que insisto!

Aplacar su duelo mudo no pretende con gemido,
¡y no suelta nunca nada, de la tumba lo vivido…!

Pues los muertos en las tumbas cobran tanta energía
¡que revive muchas cosas el que antes existía!

Mas a Dios, tal vez el día en que por fin resucite,
¡le confiese a la cara el reproche que le grite!

Se calló el caballero —altanero, orgulloso,
en la pose de antaño celebraba su reposo.

El rosario en la mano, se alejó su amada,
tan plagada de vergüenza, por el miedo abrumada...

Un don nadie

Un don nadie deambula por un mustio vertedero
con un ojo azulado y el otro —ambarino.
Ambos miran este mundo y no tienen un destino.
No se sabe —¿de reojo?— cuál es el más verdadero.

En su pecho hay dos almas: una vaga por el cielo,
y la otra languidece en la tierra. Se fascina
por dos chicas: la negruzca —adormece su desvelo,
y la clara —teje mantos que recubren la colina.

¿A cuál ama? ¡Malas sendas! —¡Océanos más profundos!
¡Precipicios!, ¡Llamamientos! —¡Sin ayuda que no pida!
¡Confundidos por el miedo, los jardines errabundos!—
¡En los ojos —pocas noches, en las manos— tanta vida!

Y los labios de la chica se anublan con sonrojos,
y las muertes se retiran —¡y las flores se otean!—.
El don nadie rasca cielos, luego mezcla sus despojos
con la sombra de los olmos que soñando rumorean...

El naúfrago de la selva

En los campos de festuca que ondean sus torrentes,
convirtiendo en praderas los boscajes inconscientes,
un mísero caminante yace muerto, olvidado.

Cuando pisó cada nube y del mundo cada lado,
deseó de improviso, por su pena inmadura,
buscar trochas más sensibles en la misma espesura.

El demonio de la fronda sopló fuerte y verdoso,
y ciñó el pobre cuerpo en la sombra del reposo.

Seducía incesante, con retoños y con prisas,
camelaba jadeante, deshojado de sus risas.

Hechizaba con olores decadentes a su modo
y tentaba con firmeza —¡que se vuelva verde todo!

Recorrió el caminante muchos mundos desiguales,
perdió todo su aliento entre flores como tales.

Por fin llegó a las moras, a sus huecas dentaduras,
al vahído del helecho, a las calmas sepulturas,
a la broza más inmunda y al alba más soltera,
a las rachas de un viento que no sabe lo que era.

Y cien pasan primaveras, y en ellas bien hundido
el náufrago de la selva —o el árbol más pálido.

Cenicienta

Cenicienta, con la cola de un sueño inmaduro,
desempolvó aquel baile, para ella imposible.
Y un hada de los cielos del mañana inseguro,
bajó para ayudarla. Una tarde apacible.

La que obra milagritos y esparce alegría
robó una telaraña y tejió por verdadero
un vestido que llegando a los ojos traslucía
lejanías escarlatas de un oro pasajero...

Una pizca de la vida... Un engaño... ¡Tú confía!
El embrujo de la nada... Un espino asustado...
El collar ya está hecho, ¡pero mira cómo brilla
en tu pecho jovencito! Dios parece encantado.

¡A la pista! ¡Ya es hora! ¡Las quimeras no aguantan!
Una rata se convierte en un chófer corpulento,
dos ratones —en corceles, y las riendas eran viento cuyo
soplo trota suelos, ¡y los bosques se espantan!

Hubo tiempos y destiempos, cada uno diferente...
Tomó una calabaza que de jugos reventaba,
¡y la cambió enseguida en un carro reluciente
que eterno parecía a los ojos que dañaba!

¡Ya retumban los látigos! ¡Ya arrancan sus vasallos!
¡Charcos llenos de fantasmas! ¡Sueños rotos —sin fisura!
¡Que las ruedas se desvivan! ¡Que se pierdan los caballos!
¡Espabila, carretero! ¡Rata, corre con locura!

¡El infierno se confunde...! ¡Al vacío te opones!
¡Las tinieblas carcajean...! Pobre alma, ¿qué le pasa?
¡Acelera el galope! ¡Dios bendiga los ratones...!
¡Cómo truena el carruaje! ¡Dios te salve, calabaza...!

La muñeca

Mis pendientes centellean un trasmundo borrascoso.
La verdad de mi vestido a un sueño se parece.
Tengo gemas en los ojos, el olor más pegajoso
a carmín, —de una muerte que de joven enrojece.

Con gustillo me acuesto en mi cuarto alumbrado
donde luce mil atuendos la alfombra escarlata,
con un corzo y un lirio que florece engañado,
y la felpa sempiterna que sus polvos arrebata.

Agradezco a la niña que me juega y me toca,
me levanta con las manos, sonrojando me cautiva.
Si existir, no existo, ella habla por mi boca,
aparenta que se cree que estoy de veras viva.

Lee las líneas de mi mano y me dice que en mayo,
con un pan y la aurora, ya podré salir al mundo.
Andaré por esta tierra cuyo nombre no me callo,
besaré los descaminos de un chico vagabundo.

Mis caminos perder debo, por si todo se abisma,
porque cuando el destino menos quiera apoyarme,
muy a pesar de los cielos, podré sola encontrarme,
en un sitio —sin salida —sin la muerte —sin mí misma.

Yo soy Gwynplaine, el que ríe, tengo una sola mueca.
Esa obra la conozco, como otras... Pues la chica
a leer me enseñaba —quien no lee, nunca peca.
Soy un buzón de correos, en saberes la más rica.

Escribir me apetece. Por el libro que me tejo
corre una tal Presenda, al Prebosque se desliza,
donde vive la muñeca, —¡allí nadie la divisa!
Con el alma de tomillo, solo mira al espejo.

Dos palabras solo dice: *papá, mamá* y más nada.
Mamá —dice a la muerte, *papá*— a la misma losa.
Y se ríe... Y el sueño se acuna en su fosa,
mientras ella se rebusca en su propia carcajada...

Mas Presenda se enreda y acaba con su vida
al final de mi novela... En el aire más sombrío...
Todo muere... Con los padres —la muñeca divertida.
Solo queda el espejo y el alma de tomillo.

¿Qué mérito tiene esto? Hoy los cuentos palidecen
cual la vieja crinolina... ¡Reza a tu abalorio
por un verso de colores...! Los jardines oscurecen,
¡a mí pronto me trasladan a un falso sanatorio!

Me arreglan la cadera y la ceja desgastada,
me implantan una risa ordinaria y hortera,
me exponen, y que miren mi carita hechicera
los viandantes, que admiren mi belleza emparchada.

No tendré valor ninguno. Habrá cortes y bajadas.
Y en cuanto me abrumen las tinieblas del olvido,
alzaré mis manos tiesas, cucharitas abolladas,
¡a quien muere en las cruces sin haberme conocido!

Dios que sabe que es duro en un sueño tan rotundo
ser yo misma, perpetuando el teatro de la vida,
me comprará abonando una cuota reducida,
¡por un simple lloriqueo —una gota del trasmundo!

La chica

Doce hermanos soñadores vieron el muro que soñaron,
detrás lloraba una chica —su voz perdida escucharon.

Y la quisieron, exaltados, y cómo era sospecharon,
hasta la forma de sus labios por la tristeza vislumbraron...

Y constataron: *Llora, pues... estará viva, no hay duda,*
toda la tierra santiguaron —la tierra que se quedó muda...

Y sus martillos levantaron —tal vez el muro se astilla...
Quién era quién, y quién martillo, la noche ciega no sabía.

¡Ay, derrumbemos este muro, es que el tiempo se acaba,
la pobre chica...! —un hermano a los restantes animaba.

¡Pero en vano todo fue, tanto esfuerzo, tantos brazos!
¡Logró matarlos aquel sueño que los tentaba a pedazos!

Los pechos crujen con los huesos, las caras luego palidecen...
¡El mismo día mueren todos, la misma noche que fallecen!

Pero sus sombras, ¡ay, por Dios!, aprietan fuerte los martillos,
y otro tiempo se derrama —y otros suenan vocerios...

¡Y por arriba, por abajo! ¡El son sus golpes repetía!
Quién era sombra, quién martillo, la ciega noche no sabía.

¡Démonos prisa, golpeemos! ¡Es que el tiempo se acaba,
la pobre chica...! —una sombra a las restantes animaba.

¡Pero la noche poderosa cubrió las sombras de repente!
Así volvieron a morirse, pues nadie muere suficiente...

¡Ni suficiente, ni siquiera como el muerto deseaba!
Y no hay nada —ni un rastro— ¡y la historia se acaba!

Y los martillos, ¡ay, por Dios!, no se rindieron por el luto,
y no dejaron de batir, ¡por más que fueran hierro bruto!

Rugían mal, rugían bien, ¡hasta sudar la gota fría!
Que los martillos no lo eran, la ciega noche no sabía.

¡Ay, derrumbemos este muro, es que el tiempo se acaba,
la pobre chica...! —un martillo a los restantes animaba.

Y se cayó, por fin, el muro, ¡los ecos suenan todavía!
Pero la chica —¡nada, nada!— ¡detrás del muro no vivía!

¿Quién es la dueña de las flores? ¡Ojos de nadie, ni un beso!
Y de las voces —una sola maldita voz, ¡y solo eso!

Solo tinieblas inconscientes, ¡el desconsuelo más profundo!
En esta tierra tan inmunda, ¡¿acaso no hay otro mundo?!

Como los sueños son mentira, y el milagro no existe,
hecho lo suyo, los martillos formaron una fila triste.

Los altos cielos se vaciaron y se callaron enseguida.
¿Por qué te burlas del vacío que no se burla de tu vida?

La sordomuda

Por el pueblo anda sola una chica sordomuda,
ya quisieras escucharla cuando alza su mirada,
pues sus ojos cantan todo lo que callan, no hay duda.
¿Y de dónde vendrá ella, de qué tierra, qué morada?

¿Quién sus sueños creadores y su nombre adivina?
¿Y la muerte —con qué mote le recuerda lo vivido...?
Yo quería ser su muerte, —y a falta de sonido,
ver la cuerda afinada por la mano más divina.

Si, dorados para siempre, enloquecen mis amagos,
con un puño de arcilla pegaré el pecho mudo
de la chica, y el lecho tronará un canto crudo,
despertando a los cisnes que durmieron en los lagos...!

En el pueblo hay un río muy pálido, un anciano
pescar suele en su margen, echar caña al vacío.
Lo que fluya lo más lejos, no tendrá un nombre sano...
—me responde si pregunto: ¿Tiene nombre este río?

Es Mohila —dice uno, Tikyc —otro lugareño
lo corrige. No, es Cerca, o igual se llama Lejos.
¡Que no tiene ningún nombre! —digo yo y es de viejos:
¡No le sirve a un río que se pierde en el sueño...!

Son muy raras nuestras noches, la aurora que fulgura
y convierte este mundo en un sueño trasnochado.
En el alma nacen monstruos que se tiñen de púrpura,
los recuerdos de las cosas, las que nunca han pasado.

Una tarde de aquellas, yo la vi desprevenida
a la chica, con el alma de un ave apagada,
la cantante que no canta —una lira no tocada—
fue al río para darle su cálida bienvenida.

Luego, como cualquier hombre que no oye mas escucha,
con sus trenzas enredadas por el borde se asoma.
¡Pescadora! —igual quiere pescar sueños de paloma
que gorjean en el lecho lo que ella desembucha.

O tal vez la cazadora insolente atrapaba
su reflejo en las redes grisigualdas, y ufana
suponía: ¡Quizá ello, con el habla más humana,
contaría a la gente lo que antes yo callaba!

Y de pronto se libera de los rayos, alumbrada,
silenciosa, somnolienta, luz eterna suelta bella...
Media noche, medio día, de sí misma apartada.
Innombrable es el río, innombrable será ella...

Un reptil

Iba sola por el huerto con el pecho rebosante,
y de entre los alisos, un reptil salió campante.

La cogió por la cintura, apoyado en sus senos,
de los pies a la cabeza, con caricias y venenos.

Con él supo desmayarse en un sueño compartido
(se sentía él con ella cual pájaro en el nido),

sisear de fruiciones que superan a la muerte,
retorcerse a su lado y temblar la misma suerte.

«Ya conoces mis costumbres amorosas, mis confites;
cobraré un rostro propio de príncipe si permites.

Te prometo mil tesoros de los lechos de la mar,
no habrá más fantasías —¡tengo vida para dar!».

¡No te quites las escamas, no te pongas otra cara!
Es que no me falta nada —por si algo me faltara.

Me arreglas las cejitas con tu aguijón tajante,
y succionas de mis labios toda sangre desbordante.

Te deslizas por mis piernas con pericia y destreza,
al umbral de la camita tú le das con la cabeza.

¡Te arrimo los dos pechos que son una gran lechera!
No te pido mil tesoros, quiero todo como era.

Me es dulce la saliva de la sierpe más amena—
¡sé mi reptil, mi caricia, mi despiste! ¡Envenena!

La más recta primavera

La más recta primavera la vio solo un oriundo,
el que Jędrych se llamaba —¡él y nadie en el mundo!

Cuando por la ventanilla se precipitó inerte,
para no volverse niebla, ¡por los pelos tuvo suerte!

Blanquecino robustece, el cogote bien estira,
tambalea la cabeza, gargajea, luego mira...

Y ve como su cabaña, su esposa y el huerto
el trasero le enseñan, de repente y a tuerto...

El cerdito del vecino, por si fuera poca cosa,
trota en los pantalones del marido de la Rosa.

El hocico le florece, ¡más encanto no le queda!
¡¿Dónde está mi Rosita?! —grita por la rosaleda.

La carreta, tan contenta como una golondrina,
¿Yo que hago aquí quieta? —pa' delante se inclina.

Reluciente, del camino el alcalde no se quita,
el chasquido de las ruedas con sus dientes bien imita.

Por la calle trastocada que se echa al reguero,
corre Cata, y la falda se le quema del mareo.

Se agita, se encoge, de calores se despacha,
en el fuego zambullida, arde toda —¡qué muchacha!

Siembra chispas donde quiere —no les busca más atajos,
susurrando: *Es mi culpa* —¡echa humo de sus bajos!

El Matías de enfrente, que le falta un tornillo,
¡a caballo corre fuerte, de los cielos el visillo!

Entre malvas, entre rosas, muy extraño se divisa;
hace muecas, remilgoso —monaguillo de la misa.

Y al lado, como siempre, por el cielo azulado,
con ángeles mensajeros sobrevuela Dios, posado.

En un potro ratonero grita algo, baja, sube,
come malvas, pega saltos, ¡y se pierde en la nube!

El bosque

A la hora de morirte, por lejana que parezca,
¿qué captará tu memoria, antes de que languidezca,
arrullando a respiros esta tierra tan vacía?
¿El más joven de tus días más remotos y perplejos
que hacía que volaras —porque queda archilejos,
y la noche de tu muerte sigue siendo aquel día?

¿Recordarás esas caras que se borran de la vida?
¿O apenas una sola, si la muerte es rápida,
desfilará en tus ojos agotando tu paciencia?
¿O de tanto ajetreo de recuerdos, por disgusto,
querrás turbar tu memoria, pues sellarla será justo,
y muriendo egoísta, tendrás limpia la conciencia?

¿O se cubrirá de oro, antes verde e inerte,
aquel bosque que miraste trasvolando otra suerte,
arrancado de tu mente por el tiempo despistado...?
¡Y fingiendo estrabismo, medio cielo derramando
con lágrimas fraternales, te morirás admirando
el regreso repentino de tu bosque olvidado...!

La rosa

¿Esas amapolas, yo las arrojaba
hacia un camino, oscuro de miedo?
Soñaba con algo, ¿y con qué soñaba?
No sé recordarlo, además —no puedo.

¿De quién aquel labio, era tuyo, mío,
y mías las manos? Demasiado tarde,
porque en mi huerta reina un vacío,
sobre el pórtico, ves —la luna arde.

Los días me pesan como una losa,
al lago de noche doy la bienvenida…
¿Tú cuándo floreces, mi pequeña rosa?
Es que no florezco —jamás en la vida…

Es que no florezco, es que no lo hago…
¿Esta voz es tuya, mi pequeña rosa?
Yo a las palabras bien atado vago,
los días me pesan como una losa…

Entre los frambuesos

Escapamos de las vistas, los frambuesos nos tapaban;
nos perdimos enteritos y pasamos muchas horas,
robándonos cada una de las más crecidas moras.
Tanto jugo desprendían que los dedos te sangraban...

Un malvado abejorro los capullos asustaba,
una hoja enfermiza calentaba sus heridas,
las arañas enseñaban sus cadenas bien tejidas,
y un bicho melenudo panza arriba caminaba.

Tú exhausta, susurrabas, recogiendo cada fruto;
se callaban los susurros ya envueltos en fragancia,
cuando yo de tu manita, con tamaña arrogancia,
me comía a frambuesos tu cuerpito impoluto.

Los frambuesos solo eran un oficio amoroso,
de los roces los primeros que apenas saben nada.
En el cielo solo buscan lo que tanto les agrada:
que de pronto se repitan extrañados, sin reposo.

No sé cómo fue aquello, no sé por qué lo hiciste,
pues sentí tus labios frescos en mi frente empapada,
y cogí tus manos lisas, tú absorta me las diste;
mientras tanto los frambuesos proseguían su velada.

Nos persiguen

Nos persiguen... Nos arrancan los senderos, las guaridas,
con ahínco descubiertas. ¡El sol luce nuestra furia!
Añoramos los jadeos, las lágrimas complacidas,
el asombro de los cuerpos, el sabor de la lujuria.

A pesar de todo ello, con los ojos extrañados
tú y yo nos devoramos sin sentido, y acaso,
cuando bajen sus telones los párpados agotados,
sentiremos que salimos de la cama, del abrazo.

Así nadie se miraba, pincelando su blancura,
ni rozaba con el cuerpo los placeres más distantes,
¡¿tales hordas de caricias quién hundía con bravura
en un lecho resguardado por telones vigilantes?!

¡Qué jardín más sosegado!

¡Qué jardín más sosegado! La paz reina afanosa,
dispersando los ruidos que no niegan su destino.
Las ardillas pelirrojas se adueñan de un pino,
el eneldo relumbrante mece una mariposa…

Entonando complaciente la canción de su ocaso,
cae una poma blanca a los pies del manzanero,
y tropieza con las ramas que le turban el sendero,
y la siguen descompuestas —lentamente— con retraso.

Tú te clavas en la fruta, averiguas que es bella,
me la sirves a los labios con afecto y con prisa,
yo la muerdo y absorbo de tus dientes cada huella,
esos dientes que enseñas cuando sueltas una risa.

Tiene nuestra contraseña

Tiene nuestra contraseña su relato suculento:
la lámpara de la noche que por doquier se extiende,
se apaga en un cuarto y en otro se enciende.
El rellano oscurece. Se me corta el aliento.

Con la mano en el pomo me esperas bien despierta,
la caliento, pues el hierro la enfría demasiado.
Y mis dedos, los conduces a tu seno ablandado
que acalla sus latidos en el umbral de la puerta.

Por si fuera otro crimen, al entrar no tengo prisa,
entre muebles hechizados, según veo de reojo.
Siempre haces tú la cama, a tu gusto y antojo,
así están más cómodas las caricias y la risa.

Silenciosos, de costumbre nos callamos muchas cosas,
mientras cumples tu tarea con divina maestría.
¡Cuánta fuerza en tus manos, qué amor, qué maravilla!
Yo también las quiero mucho por ser tuyas, por hermosas.

Tú primera te anieblas

Tú primera te anieblas, yo te sigo adelante
y perdido en tu bosque, de la senda no me quito.
Si rastreo tu blancura, palidece mi semblante,
si te tengo infinita, yo me vuelvo infinito.

Y te miro a los ojos para ver si tantos besos
ya te bastan, si aguantas el deleite del mareo.
Los retoños de tus manos diminutas manoseo
para besar vehemente tus ternillas y tus huesos.

Y entonces tus muñecas me dibujan sus albricias,
como pipas o semillas sonrojadas con empeño;
se acercan a mi boca, abejitas de ensueño,
guarecidas en su vaina calentada a caricias.

Se levantan emociones que tú misma desconoces,
el silencio de mis labios te envuelve y abraza.
Me pareces una niña reducida a mis roces;
te arrullo y te duermes, —y el tiempo se atrasa.

Te desmayas en la cama

Te desmayas en la cama, yo te beso muy ufano,
apropiarme de ti quiero, ¡mas en vano es, en vano!

Luego dejas de mirarme y pareces —menos mía.
Se te nublan los ojitos, ¡ciegos ya de alegría!

De repente desvaneces en tus sombras y despojos,
si tu cuerpo se entrega, ¡no lo hacen ya —tus ojos…!

De repente te encubre la extraña lejanía
que ni sueño, ni conozco, ¡mas por ella te quería…!

El secreto

No pudo vernos nadie, menos las palomillas
que tanto se esponjan si nuestras ven leticias.
Pues tú y yo solitos —qué dulces alegrías—
sabemos que lo nuestro se colma de caricias.

Tu hermana pequeña que los brezos cortaba
seguía el murmuro, tan nuestro, tan lejano...
Solía bajar la voz en cuanto nos hablaba,
y cerraba los ojos —por no hablar en vano.

Por todos sus rincones el jardín recorría;
perdida entre ellos, sus cantos entonaba.
¡Qué dulce era verla! Es que también sabía
lo que nadie sabía, lo que no se contaba...

El crepúsculo

El sol está apagado, ¡qué destreza, qué frescura!
Se esconde mientras pueda alejar la medianoche.
De tus labios con los dedos adivino la figura—
una sarta de corales, de los mares un derroche...

Cierra ya tus ojos claros —¡qué milagro de la vida
que estemos alejados del esfuerzo cotidiano!
Es tan frágil nuestra suerte…, vagamente encendida
en las sombras de tu cuarto, ¡en las noches de verano!

Una trenza doradita menos frágil me parece
cuando reta los ocasos que no saben el motivo;
amor, tarde y silencio —este trío me escuece
y me llena las entrañas de un miedo fugitivo...

Pero yo te acaricio mientas sueñas mis pesares,
como si de tanta suerte desbordante y entera
cada uno de mis besos el último pareciera...
El sol está apagado... ¡Y tú, bésame, no pares…!

La primera cita

Detrás de la tumba —allá nos citamos.
¡Besa lo que pisas...! Anda con cuidado.
¿Eres tú —cambiada— aunque no cambiamos?
¡Guíame!... Los ojos... ¡se me han nublado!

¡Ya no hay señales! ¡Desde hace tanto!
¡No nos cree nadie...! ¡Nadie se extraña!
Las risas murieron, con ellas el llanto.
El tiempo se cuela —en la telaraña...

¡Cállense los sueños...! ¡Pónganse las flores...!
Solo aquel pajar —real me parece...
Y tú, ¿por qué lloras? —De nuestros dolores
la gente que vive —ni se estremece.

Es nuestro aniversario

Es nuestro aniversario, de nuestro primer encuentro,
cerraremos las ventanas, bien por fuera y por dentro.
Revivamos a oscuras, por la noche trasnochada,
las caricias más primeras, sin apenas decir nada.
Vendrán luego las palabras, de los días adorados,
que hoy mismo de la boca desconfían extrañados.
En sus sueños se acunan, tan tímidas y tan puras,
inseguras de nosotros —de sí mismas inseguras.
Si callamos las razones desconfiadas, de repente
juntaremos las palabras, todas ellas, nuevamente.

No te prometo mucho

No te prometo mucho...
Pues tanto como nada...
El verde de primavera...
Un tiempo que agrada...
Tan siquiera la sonrisa...
Una mano, porque sí...
No te prometo mucho...
Ya me tendrás a mí...

Una canción

Entre tú y yo —hay un mar abierto,
entre tú y yo —hay un barco muerto.
A la muerte blanca —así condenaron
a dos pechos duros que no se amaron.

Entre tú y yo —suertes apartadas,
entre tú y yo —voces disfrazadas.
Los labios perdidos rompen el abrazo,
Dios mío, Dios mío —¿Y por qué? ¿Acaso…?

Entre tú y yo —magia sin locuras,
entre tú y yo —trincheras oscuras.
Antes de que digan: *Estos ya no vagan,*
bien sabrán los ojos que se nos apagan…

Un romance

¡Os canto un romance, pues vivo yo cantando!
Muy pobre era ella, y él —del mismo bando.

Tan pronto se quisieron, en una fue esquina,
crearon un misterio que pueblos arruina…

Y cuando las estrellas un mayo estrellaron,
en unas escaleras —juntitos— se sentaron.

Le entregaba ella —bastante concentrada—
dos labios de caricias y una rebanada.

Así en pleno mayo, del cielo disfrutaban,
el pan con las caricias soñando alternaban.

Aquella primavera sus hambres se saciaron:
el hambre de mendigos, de cuánto se amaron.

Les vio un tal poeta —buscando el sentido.
Él tiene las dos hambres, le falta pan querido.

El poema de la luna

En la luna ahondarse, en lo frío y helado,
en la plata que lo cubre y platea a ultranza,
el milagro de la muerte, para nada intrincado
¡y la siempre intrincada —de la nada añoranza!

Antes era un encanto —y la risa se oía,
la de dioses que erraban por un sueño eclipsado;
los había dos, seguro, —o incluso tres había,
¡mas futuro ya no tienen, solo tienen un pasado!

Y de ellos solo queda más arriba un decoro,
esa pobre lejanía que sucede de la nada,
ese colmo de silencios que parece ser de oro,
ese triste escarceo de espuma plateada...

¡Allí pues quisiera tanto algún día encontrarte!
¡Ver tu rostro alumbrado, tu bonita frente alta!
Nuestros cuerpos, por desgracia, ya están en otra parte
de la luna se marcharon —¡y los echo tan en falta!

Nuestra sangre de la noche es respiro y aliento,
por debajo de la tierra —una linde encarnada...
Nuestros cuerpos que dormidos se quedaron y, lo siento
nuestros cuerpos que no saben —absolutamente nada...

Otro año que no pasa

Otro año que no pasa, el más triste, infecundo,
se acerca —y las chicas mueren como mariposas.
Yo primero porque quiero, porque así son las cosas.
¡Mírame! Que ya soy menos, ya me fui de este mundo.

Tú desea esta muerte, ama todos mis despojos,
besa bien el sueño roto que mis labios anticipa,
cree que mis sombras ríen, que te miran con mis ojos:
quien se muere por las buenas —no ve sino participa.

Él, por tanto, aprendía a amarla invisible,
y los ojos ya cerrados de la chica besucaba,
le hablaba a su pecho, una tumba imposible,
sin saber lo que sentía la que tanto no estaba.

¿Tú no sientes mis caricias? ¿Ni mis besos, alegrías?
¿No te duelen las tinieblas que rebosan de tu muerte?
Di por fin, pues te extraño, lo que nunca me decías,
tiembla del amor póstumo si la magia es más fuerte.

¿Por qué dudas de lo mío? Al milagro me remito,
¡a la suerte no me niego, al amor le soy abierta!
Tus caricias toda siento, y con ellas me derrito,
y con cada beso tuyo, soy, estoy aún más muerta.

La suerte

Pasa algo en las nubes, todo se va plateando,
el viento la puerta mueve, tal vez una carta trae.
Ya llevamos mucho tiempo —demasiado— esperando.
¡Qué movida en los cielos! ¡Escucha —un rayo cae!

Con tu alma de estrellas que disfrazas de pródiga,
¿te acuerdas de las prisas que apenas respiramos?
¿Si llegó por fin la suerte —por qué cunde la fatiga,
y huimos de las luces, a la sombra escapamos…?

¿Y la suerte por qué mengua, añorando el sentido,
absolviendo a la nada de los cuentos acabados?
En sus arcas infinitas cabe todo lo vivido,
con excepto de mis miedos, y tus ojos empañados…

En el sueño

A lo lejos, sin fondo, te sueño extraña,
en las nubes la vida eterna fulgura.
Y volamos, la niebla ¡sí, nos acompaña!,
hay Dios, hay abismos y tanta negrura...

Que la niebla oscura se te vuelva pronto—
me susurras, el vuelo tu rostro calienta—
Apenas soy tu sueño, ¡pues no seas tonto!,
no se te olvide lo que más no cuenta....

Nunca se me olvida, nuestro vuelo sigo,
aunque no tiene meta porque la esconde.
¡Lo difícil que siempre es soñar contigo!
¡Tan real te sueño! Y te veo —¿dónde?

Dos personitas

Bien escucho el son mustio que entonas, alma mía,
de dos pobres personitas —las que tanto se querían.

Los primeros yo te quiero que las hojas susurraban,
aunque ambos se negasen —un adiós les auguraban.

Así pues, se separaron. ¿Quién sería el culpable?
Y el tiempo siguió fuerte —evidente, imparable.

Recogiendo bellas flores, de repente se juntaron,
pero como nadie antes en el mundo enfermaron.

Bajo el árbol —dos sombras, bajo el árbol —dos camas,
bajo el árbol —infausto— una mirada sin ramas.

Se murieron allí mismo, sin caricias ni pecados,
sin sonrisa —una sola— ojos nunca alegrados.

El púrpura de sus labios se volvió más moribundo,
pues la muerte palidece como nada en el mundo.

Encerrados en sus tumbas, volverían a lo cierto,
mas amores no había —se habían todos muerto.

En el umbral de su hado a destiempo se sentaron,
a Dios mismo suplicando, pero no lo encontraron.

Regresaba a la tierra quien la muerte aguantaba,
pero ellos comprendieron que el mundo no estaba.

Un alma en los cielos

Llega un alma al cielo donde otro Dios habita,
con sus astros, lo eterno —pero no lo necesita.

Ella no busca esplendor, no vislumbra su agrado,
ya no quiere acordarse, olvidar cualquier pasado.

Apenas suelta sus trenzas, piensa con melancolía:
te malgasté —mi vida— en brazos que no sentía.

Sin engaño y sin peros su herida emparchaba,
besando aquella boca, los ojos que no amaba.

Les brotaba flores secas, les cedía su camino,
les hacía caso siempre, los llamaba su destino.

No amaba nada fuerte, ni amaba tiernamente,
nadie en su risa clara dolor pudo ver candente.

Mas ahora —en los cielos— la certeza la asalta:
que a Dios no se le miente, que mentir no hace falta.

Pues la muerte arreada las verdades le destella,
¡y se nublan las pupilas, y el vientre se estrella!

El alma ardió de miedo, de que —ella sepultada—
él por cielos la buscase, por la huella estampada.

Que le diese una mano, de los males despojada,
y que luego en sus ojos él no viese amor —nada.

Úrsula Kochanowska

Cuando llegué, tras morirme, al vacío de mi cielo,
Dios me miró fijamente, removiéndome el pelo.

¡Ven aquí, Úrsula mía! Aún viva me pareces...
Haré todo lo que quieras, te haré feliz con creces.

¿Y podrás hacer —murmuré— *que un cielo tan bonito*
se parezca a Czarnolas, que le sea igualito?

Y después alcé la vista —calladita y miedosa—
para ver si le molesta que le pida yo tal cosa...

Dios me sonrió, generoso, y tardó muy pocas
horas en hacerme una casa clavadita a Czarnolas.

Con los muebles, las macetas donde todo florecía...
¡Mis ojitos explotaban de tamaña alegría!

Y me dijo: *Tienes muebles, tienes flores que florecen,*
¡y tus padres —extrañados— enseguida aparecen!

Y yo, cuando las estrellas se acuesten sigilosas,
tocaré a esta puerta —¡y veré qué tal las cosas!

Y se fue, y yo me muevo por mi mundo atildado,
con la mesa siempre puesta y el suelo escobado.

El vestido más rosado me lo pongo con esmero,
el mal sueño de la muerte lo espanto —y espero...

Amanece ya, los rayos por un nuevo día luchan,
alguien toca a la puerta, unos pasos se escuchan...

¡Corro pues a toda prisa! ¡Y los vientos suenan bellos!
El aliento se me corta... ¡Pero no! Es Dios —no ellos...

Don Quijote

Ultratumba, en un parque donde restan los mortales,
bien barrido por ángeles que no duermen casi nada,
a la sombra de las hojas que parecen terrenales,
amarillas, prescindibles, con el alma aplomada
—pesadita, aunque libre de un peso que agote—
allí pues, en una banca, el altivo don Quijote
se reposa razonando que pensar será en vano,
y ausente como alguien que no puede ver las cosas
examina fervoroso los pasillos y las losas,
por si queda una vida, mas no queda ni un grano.

Dios le tiende una mano, desde cerca dice *ven,*
y lo llama a la fiesta que los cielos habrán dado
en la niebla despejada en un simple santiamén,
para ese convidado; él —pálido, fatigado—
se esquiva, a la calma postrimera se retira,
y los oye sin oírlos, y pretende que no mira.

Donde antes los molinos, fantasías de un niño,
desvainaban sus espadas como unos caballeros,
en la mano que le tiende Dios con mimo y cariño
ve las aspas traidoras de sus sueños pordioseros;
con sobrada ironía bien se ríe —equívoco—
y repudia sus errores, y deniega estar loco.

Descuidado, no escucha que el ángel más
remoto a los pies le deposita una rosa encarnada
de María que le dice que de veras se agrada
de un viejo caballero que le era tan devoto.

Él, si antes en la tierra era noble y galante,
hoy desprecia a la Virgen, el regalo que le hizo,
apartando la cabeza, incrédulo y distante,
de las flores que acusa de ser todo un hechizo.
El enviado de los cielos al esclavo de María
se acerca y le besa en la frente. Con cuidado
le murmura: *Es de ella...* Sonrojándose, diría,
se retira y despega. Y el pobre desconfiado
le despide de soslayo por las huellas que otea,
luego muere todo muerto, y su fe se tambalea.
Pues la muerte que de besos no entiende, los evita,
¡así nadie se despierta —aun cuando resucita!

El molino

Levantado del barbecho, avasalla la colina
un molino, y divisa encrestado cada mundo;
mientras baila, hace chirriar su rígida crinolina
y proyecta en la hierba un diablillo furibundo.

Caminante, con bastones apoyado de costado,
¿qué sugieren tus gambetas, tu meneo revoltoso?
¿La capucha de madera a quién muestra tu agrado,
con las señas que enseñas, a quién hablas tan gustoso?

¿En qué crees? ¿Qué contemplas en el cielo azulado?
Si te vuelves más humano —¿qué carita dibujarte?
¿Qué criatura se oculta en tu cuero desnudado?
¿Los fantasmas de la luna qué descubren al mirarte?

ÍNDICE

Este libro se terminó de editar en Granada
en febrero de 2025 por

www.aversopoesia.com
hola@aversopoesia.com